BEI GRIN MACHT SICH IHR WISSEN BEZAHLT

- Wir veröffentlichen Ihre Hausarbeit, Bachelor- und Masterarbeit

- Ihr eigenes eBook und Buch - weltweit in allen wichtigen Shops

- Verdienen Sie an jedem Verkauf

Jetzt bei www.GRIN.com hochladen und kostenlos publizieren

Sven Schulter

Virtualisierung. Theorie und Praxis am Beispiel der Servervirtualisierung

GRIN Verlag

Bibliografische Information der Deutschen Nationalbibliothek:

Die Deutsche Bibliothek verzeichnet diese Publikation in der Deutschen National-
bibliografie; detaillierte bibliografische Daten sind im Internet über http://dnb.d-
nb.de/ abrufbar.

Impressum:

Copyright © 2013 GRIN Verlag GmbH
Druck und Bindung: Books on Demand GmbH, Norderstedt Germany
ISBN: 978-3-656-86191-1

Dieses Buch bei GRIN:

http://www.grin.com/de/e-book/286068/virtualisierung-theorie-und-praxis-am-
beispiel-der-servervirtualisierung

GRIN - Your knowledge has value

Der GRIN Verlag publiziert seit 1998 wissenschaftliche Arbeiten von Studenten, Hochschullehrern und anderen Akademikern als eBook und gedrucktes Buch. Die Verlagswebsite www.grin.com ist die ideale Plattform zur Veröffentlichung von Hausarbeiten, Abschlussarbeiten, wissenschaftlichen Aufsätzen, Dissertationen und Fachbüchern.

Besuchen Sie uns im Internet:

http://www.grin.com/

http://www.facebook.com/grincom

http://www.twitter.com/grin_com

Virtualisierung

Theorie und Praxis am Beispiel der Servervirtualisierung

09.01.2013

Verfasst von: Sven Schulter

Inhaltsverzeichnis

1 Einleitung

Im Zuge der stetigen Leistungssteigerung der Computer heutzutage kommt es zu einem sehr paradoxen Phänomen. Einer meiner Dozenten hat vor zirka einem Jahr gesagt, dass Computer heute vor allem warten. Wenn sie rechnen, dann täten sie dies zwar sehr schnell, allerdings würden sie doch überwiegend warten: auf Benutzereingaben, auf die Bereitstellung von Daten von der Festplatte, auf eine Antwort aus dem Internet.

Natürlich ist dieses Phänomen am stärksten bei den Consumer-PCs ausgeprägt, jedoch tritt es auch in Unternehmen auf. Selten sieht man dort einzelne Server, deren Prozessor zu 98% ausgelastet ist. Gerade bei nicht-virtualisierten Systemen ist dies ein nicht zu unterschätzender Faktor auf der Stromrechnung. Deshalb, und da die Anzahl der Server in den meisten Unternehmen recht schnell zunimmt, greift man seit einigen Jahren vermehrt auf die Virtualisierung der Server-Infrastruktur zurück.

Auf welchen hardware- und softwaretechnischen Grundlagen diese Technologie aufbaut, werde ich in dieser Arbeit erläutern. Dabei geht es zunächst um die Prozessor-Technologien zur Unterstützung der Virtualisierung, sowie um das theoretische Konzept der virtualisierten Hardware. Danach werde ich den Einsatz von virtuellen Systemen in der Praxis beleuchten und zwei der größten Hersteller – VMware und Microsoft – vorstellen. Des Weiteren zeige ich die Vorteile, aber auch die Herausforderungen der Servervirtualisierung auf. Außerdem beleuchte ich noch kurz die Rolle der Virtualisierung innerhalb der Green-IT. Zuletzt werde ich ein Fazit ziehen und erklären, weshalb ich zu meiner Meinung gekommen bin.

2   Virtualisierung in der Theorie

Der Begriff Virtualisierung lässt sich in drei Hauptbestandteile unterteilen:

1. „echte" Virtualisierung / Hardware-Virtualisierung

2. Emulation

3. Systempartitionierung

Die Hardware-Virtualisierung (von einigen auch „echte Virtualisierung" genannt) ist die sicherste der drei Varianten. Sie ist sowohl mit Hardware-Unterstützung als auch ohne durchführbar.[1] Auf sie werde ich weiter unten noch genauer eingehen.

Die Emulation ist eine Art Software-gestützter Virtualisierung, bei der die Hardware sowie die Schnittstellen des Gasts vollständig simuliert werden. Dadurch ist es möglich, Gäste auf dem Host auszuführen, welche eigentlich inkompatibel zur Host-Architektur wären.[2]

Der dritte Punkt ist die Systempartitionierung, bei der die vorhandenen Hardware-Ressourcen vom Betriebssystem auf einzelne sogenannte „Instanzen" innerhalb des Betriebssystems aufgeteilt werden.[3]

2.1   „Echte" Virtualisierung

Bei der „echten" Virtualisierung wird die Hardware des Hosts (= der physische Server) anteilig an die Gäste oder sogenannten Virtuellen Maschinen (VM) zugewiesen.[4] Dies übernimmt der Virtual Machine Monitor (VMM), welcher oft auch einfach „Hypervisor" genannt wird. Der Hypervisor ist also eine Art Betriebssystem, das direkt auf der Hardware läuft und so z.B. Windows ablöst.

Dabei ist die Sicherheit von größter Wichtigkeit. Der VMM muss dafür sorgen, dass kein Gast abseits der bekannten Protokolle wie TCP/IP direkt auf einen anderen Gast zugreifen kann. Ebenso darf ein Gast nicht „wissen", dass es neben ihm noch andere Gäste auf der gleichen Hardware gibt.[5]

Eine weitere wichtige Aufgabe des Hypervisors ist das Abfangen von kritischen Befehlen wie der Speicherallokation. Wenn das Betriebssystem einer VM Arbeitsspeicher reservieren möchte, muss der Hypervisor diesen Befehl abfangen und dafür sorgen, dass der Arbeitsspeicher nicht versehentlich gleichzeitig von einer anderen VM allokiert wird. [6]Man könnte also sagen, dass der Hypervisor jeden Befehl der VMs an die CPU kennen und bewerten muss.

Die Hardware-Virtualisierung basiert auf der Annahme, dass die Hardware nahezu direkt an die VMs durchgereicht wird und der Hypervisor eine Beobachter- und Verwaltungsrolle einnimmt, um so die Performance zu steigern. Dies hat jedoch zur Folge, dass die Architektur der Gäste der des Hosts

---

[1] Vgl. Thorns, 2008, S. 22.
[2] Vgl. ebd.
[3] Vgl. ebd.
[4] Vgl. ebd., S. 23.
[5] Vgl. ebd.
[6] Vgl. ebd., S. 24.

entsprechen muss.[7] Ein 64-bit Gast kann also nicht auf einem 32-bit Host installiert werden, genauso wenig wie man das iPhone-Betriebssystem auf normaler 64-bit-Hardware installieren kann.

Um den Hypervisor an sich möglichst klein und effizient zu halten, haben viele Hersteller eine privilegierte VM eingeführt, welche als normaler Gast auf dem Host läuft, aber z.B. die Geräte-Initialisierung dem Hypervisor abnimmt, sodass dieser keine entsprechenden Treiber haben muss. Weitere Gäste können die dann bereits initialisierten Geräte direkt über die privilegierte VM ansprechen.[8]

2.2 Virtualisierungstechnologien der x86-Prozessoren

Um eine hohe Performance und möglichst geringen Verwaltungsaufwand zu erreichen, haben die Prozessorhersteller reagiert und entsprechende Befehlssatzerweiterungen in ihre CPUs und Chipsätze implementiert.[9] Zur Erklärung mache ich zuerst einen Exkurs in das Jahr 1982, in dem Intel den 80286-Prozessor auf den Markt gebracht hat. Dies war der erste Prozessor mit dem „Ring-Modell", welches von Intel entwickelt wurde und sicherstellen sollte, dass Anwendungen keine kritischen Befehle ohne Genehmigung des Betriebssystems an die CPU absetzen konnten. Dazu waren insgesamt vier Ringe vorgesehen: Ring 0 war für den Kernel, Ring 1 und 2 für Gerätetreiber und Ring 3 für alle übrigen Applikationen. Mit der Zeit hat sich allerdings herausgestellt, dass die Ringe 1 und 2 nicht genutzt wurden und Treiber stattdessen auf Kernel- oder Anwendungsebene ausgeführt wurden. Wurde jetzt dem Betriebssystem ein Hypervisor vorgeschaltet, so lief dieser in Ring 0 und das Betriebssystem in Ring 1. Da dieses das allerdings nicht wusste, kam es zu Situationen, in denen das Betriebssystem Befehle an die CPU abgesetzt hat und im schlimmsten Fall eine Antwort erhielt, dass dieser Befehl nicht erlaubt ist. In so einem Fall wäre das Betriebssystem abgestürzt. In anderen Fällen könnte das Betriebssystem Werte zurückgeliefert bekommen, die zu falschen Ergebnissen führen, was zur Konsequenz hätte, dass eine Operation falsch ausgeführt wird.[10]

Intel und auch AMD haben allerdings mittlerweile bemerkt, dass es sehr schwierig ist, solche Befehle ohne Unterstützung einfach abzufangen, sodass man den Ring 0 in Ring 0 „root" und Ring 0 „non-root" geteilt hat.[11] Ist jetzt ein Hypervisor dem normalen Betriebssystem vorgeschaltet, läuft das Betriebssystem in Ring 0 „non-root" und der Hypervisor im Ring 0 „root", in welchem er erweiterte Möglichkeiten zur Verwaltung der Gäste hat. Bekannt geworden ist diese Technik unter dem Namen „VT-x" bei Intel und „AMD-V" bzw. „Pacifica" bei AMD. Beide Varianten sind ähnlich,

---

[7] Vgl. Thorns, 2008, S. 22.
[8] Vgl. ebd., S. 31.
[9] Vgl. ebd., S. 29.
[10] Vgl. ebd., S. 24.
[11] Vgl. ebd., S. 30.

aber inkompatibel untereinander.[12] Dadurch ist es den Entwicklern von Hypervisoren deutlich vereinfacht worden, diese zu programmieren.

2.3 Andere Virtualisierungsverfahren

Wie ich anfangs bereits erwähnt habe, gibt es neben der Hardware-Virtualisierung auch noch zwei weitere Virtualisierungsverfahren.

Die Emulation simuliert die gesamte Hardware des Gasts inklusive aller Schnittstellen usw.[13] Daraus ergibt sich eine starke Unabhängigkeit von der Host-Hardware, welche aber gegen die Probleme aufgewogen werden muss. Dadurch, dass alles nur simuliert ist, müssen auch sämtliche Befehle des Gasts an seine Hardware zur Laufzeit interpretiert und verarbeitet werden. Gerade bei rechenintensiven Anwendungen kann dies zu erheblichen Performance-Einbußen kommen, welche schnell inakzeptabel für den Produktiv-Einsatz werden.[14]

Bei der Systempartitionierung wird hingegen die Hardware innerhalb des Betriebssystems aufgeteilt und einzelnen Instanzen zugeteilt. Deshalb ist hier eine klare Trennung von Partitionen auf Festplatten und der Systempartitionierung zu ziehen. Voraussetzung für die Systempartitionierung ist eine Unterstützung seitens des Betriebssystems. Als Beispiel ist der Microsoft SQL-Server zu nennen, bei dem mehrere sogenannte „Instanzen" gleichzeitig innerhalb eines Betriebssystems laufen können, ohne dass es zu Konflikten kommt. Hier ist das Betriebssystem alleine für die Verwaltung verantwortlich. Eine Hilfe von Seiten der Hardware gibt es nicht.[15]

---

[12] Vgl. Thorns, 2008, S. 29.
[13] Vgl. Thorns, 2008, S. 35.
[14] Vgl. ebd.
[15] Vgl. ebd., S. 32.

3 Servervirtualisierung in der Praxis

Kommen wir nun vom theoretischen zum praktischen Teil, in dem es um die Umsetzung der eben genannten Punkte geht. Die Einsatzgebiete der Servervirtualisierung sind vielfältig: Seien es Testumgebungen bevor man ein Update produktiv einspielt[16], das Erreichen von Hochverfügbarkeit[17], das Vereinfachen der Arbeit im Supportcenter durch das Bereitstellen von vielen Konfigurationen um Fehler zu erkennen[18], oder auch bei Cloud-Anbietern. In vielen Situationen ist eine Servervirtualisierung möglich und auch nützlich. Der Hauptgrund, sich für die Virtualisierung seiner Server zu entscheiden, ist einfach: Kostensenkung.[19] Das Problem hier ist allerdings, dass die Kostensenkung nach Abschluss eines Virtualisierungsprojektes oft nicht direkt nachweisbar ist. Auch gibt es bislang nur sehr wenige Studien darüber.

3.1 Vorteile durch VMs

Eine virtuelle Infrastruktur anstelle einer konventionellen Serverlandschaft zu verwenden hat viele verschiedene Vorteile. Allerdings herrscht unter denjenigen Leuten, die sich mit der Virtualisierung noch nicht allzu sehr beschäftigt haben, oftmals die Meinung vor, eine VM sei instabil und langsam. In der Praxis hat sich jedoch gezeigt, dass virtualisierte Systeme oft deutlich schneller und auch stabiler sind, da sie vor allem keine Herstellerzusatzprogramme wie Agents oder ähnlichem mehr benötigen. Dadurch kommt es deutlich seltener zu Abstürzen oder ungewolltem Verhalten.

Auch ist eine deutlich gesteigerte Flexibilität mit VMs zu erreichen, vor allem weil die physische Hardware reduziert wird[20] und VMs innerhalb eines Zusammenschlusses von Hosts (ein sogenanntes „Cluster") – die entsprechende Lizenz vorausgesetzt – beliebig hin und her verschieben können. Dies ermöglicht weiterhin eine vorher unerreichte Unabhängig von der Hardware, da es relativ egal ist, auf welchem Host die VM ausgeführt wird. Das Wechseln der zugrunde liegenden Hardware stellt dadurch kein großes Problem mehr dar und ist schnell gemacht, ohne dass die Anwender Einschränkungen in ihrer Arbeit hätten.[21]

Dies hat zur Konsequenz, dass auch die Skalierbarkeit der Infrastruktur deutlich gesteigert wird. Hinzufügen oder Entfernen von Hosts in das bzw. aus dem Cluster sind sehr einfach und schnell erledigt, sodass man immer eine optimale Auslastung garantieren kann. Auf Lastspitzen bspw. aufgrund einer saisonal bedingten starken Auftragslage können besser reagiert werden, z.B. indem man sich einfach die entsprechende Anzahl an Servern mietet und dem eigenen Cluster hinzufügt.

---

[16] Vgl. Thorns, 2008, S. 45.
[17] Vgl. ebd., S. 51.
[18] Vgl. ebd., S. 46.
[19] Siehe dazu Kap. 4.1.
[20] Vgl. Ahnert, 2009, S. 26.
[21] Vgl. ebd., S. 27.

Ein weiterer Vorteil von VMs ist die Hochverfügbarkeit.[22] Sofern die IT-Landschaft aus einem Cluster besteht ist es möglich, die Ausfallzeiten sehr gering zu halten. Hat das Unternehmen bspw. 2 Hosts zusammen in einem Cluster und der erste Host fällt aufgrund eines Hardware-Defekts aus, springt sofort der andere Host ein und übernimmt die VMs. Natürlich dauert es einen Moment bis die VMs wieder hochgefahren sind, allerdings nimmt dies meistens nur wenige Minuten in Anspruch, sodass sich die Ausfallzeit dann auf eben diese kurze Zeit beschränkt. Voraussetzung für eine solche Möglichkeit ist das Vorhandensein von gemeinsam genutztem Speicherplatz, eines sogenannten „SANs" (Storage Area Network). Beide Hosts müssen also auf die gleichen Festplatten zugreifen können. Typischerweise ist in einer hochverfügbaren Infrastruktur jede Komponente redundant um einen „Single Point of Failure" zu vermeiden.

Des Weiteren sorgt eine virtualisierte Umgebung für eine deutlich verbesserte Auslastung der Hardware. Dadurch, dass je nach Verwendungszweck viele VMs auf einem Host ausgeführt werden können, verbessert sich die Effizienz enorm.[23]

Dies alles hat vor allem eine Konsequenz: Eine virtualisierte Infrastruktur lässt sich um ein Vielfaches einfacher warten als eine konventionelle Infrastruktur. Durch das beliebige Verschieben von VMs und den sogenannten „Snapshots", welche den aktuellen Stand der VM speichern und sämtliche Änderungen nach dem Speichern in eine separate Datei schreiben, um so später entweder beide Dateien zusammenzuführen oder die Änderungen zu verwerfen, wird der Austausch von Hardware, das Wiederherstellen nach einem Komplettausfall oder auch das simple Testen von Änderungen innerhalb der VM äußerst einfach gestaltet.

3.2 Grenzen virtueller Maschinen

Trotz all dieser Vorteile gibt es jedoch auch Situationen, in denen eine VM keinen Sinn mehr macht oder schlicht nicht möglich ist.

Zuerst einmal gibt es Hardware-Beschränkungen, die sich nur bedingt umgehen lassen. Ein klassisches Beispiel für diese Beschränkungen sind Dongles, welche das System zum Betrieb benötigt. Häufig sind dies USB-Sticks, es kommen aber auch PCI-Steckkarten als Dongles vor. Während man in den heutigen VMMs USB-Sticks an VMs weitergeben kann (wenngleich das noch vergleichsweise instabil ist), sind PCI-Dongles eine nahezu unüberwindbare Hürde. Hat man z.B. einen Hardware-Faxserver mit ISDN-Karte, so ist es nicht direkt möglich, diese Karte in eine VM zu übergeben. Hier muss man sehen, ob es eventuelle Workarounds gibt. In diesem Beispiel wäre ein sogenannter „LAN-CAPI" möglich, mit dem das ISDN-Signal über das normale Ethernet-Netzwerk simuliert wird. In anderen Fällen ist eine Virtualisierung überhaupt nicht möglich.[24]

---

[22] Vgl. Ahnert, 2009, S. 27.
[23] Siehe dazu Kap. 4.
[24] Vgl. Ahnert, 2009, S. 28.

Außerdem sind die heutigen VMMs in ihrer Ressourcenzuweisung beschränkt.[25] So haben sowohl der VMware ESXi 5.1 Server als auch der Microsoft Hyper-V 3.0 Server eine Beschränkung von 64 virtuellen CPUs und 1TB RAM pro VM.[26,27] Im ersten Moment hört sich das nach viel an, jedoch kann dies in großen Umgebungen schon schnell mal nicht mehr ausreichen. Die Einschränkungen erweitern sich jedoch nahezu mit jedem Update, sodass man schauen muss, ob in naher Zukunft nicht doch virtualisiert werden kann.

Zuletzt leidet bei hoher Auslastung des physischen Servers die Performance der VMs. Es tritt ein sogenannter „Management-Overhead" auf, welcher nicht zu vernachlässigen ist. Das bedeutet, dass der Hypervisor vergleichsweise viele Ressourcen alleine für die Verwaltung benötigt und diese stehen dann logischerweise den VMs nicht mehr zur Verfügung. Außerdem kann es vorkommen, dass der Flaschenhals heutiger Computersysteme erreicht wird: die Festplatte.[28] Auch, wenn man ein SAN im Hintergrund hat, irgendwann ist mit konventionellen Festplatten das Ende der Leistungsfähigkeit erreicht. Da jedoch immer häufiger SSDs eingesetzt werden, ist auch dieses Problem demnächst weitgehend aus der Welt geschafft.

3.3 Beispiel VMware ESXi 5.1

Kommen wir nun also zu konkreten Beispielen, angefangen mit dem VMware ESXi 5.1. VMware ist aktuell Marktführer vor Microsoft und Citrix und bedient Kunden wie Dell, IBM und auch die New York Stock Exchange. Aktuelle Maximalwerte ihres VMMs sind 32 Hosts und 4000 VMs pro Cluster, sowie 512 VMs pro Host. Es können maximal vier gleichzeitige Verschiebungen von VMs zwischen den Hosts bei einem 1GBit/s-Netzwerk durchgeführt werden.[29]

Die Installation und Erstkonfiguration dieses Hypervisors ist sehr einfach. Um den ESXi zu installieren drückt man quasi einfach abwechselnd Enter und F11, wählt einmal das Tastaturlayout aus und tippt das Passwort ein und schon hat man einen funktionsfähigen Host.

---

[25] Vgl. Ahnert, 2009, S. 28.
[26] Vgl. URL: http://www.vmware.com/files/de/pdf/support/vsphere-51-configuration-maximums_DE.pdf [28.11.2012].
[27] Vgl. URL: http://download.microsoft.com/download/2/C/A/ 2CA38362-37ED-4112-86A8-FDF14D5D4C9B/WS%202012%20Feature%20Comparison_Hyper-V.pdf [28.11.2012].
[28] Vgl. Ahnert, 2009, S.28.
[29] Vgl. URL: http://www.vmware.com/files/de/pdf/support/vsphere-51-configuration-maximums_DE.pdf [28.11.2012].

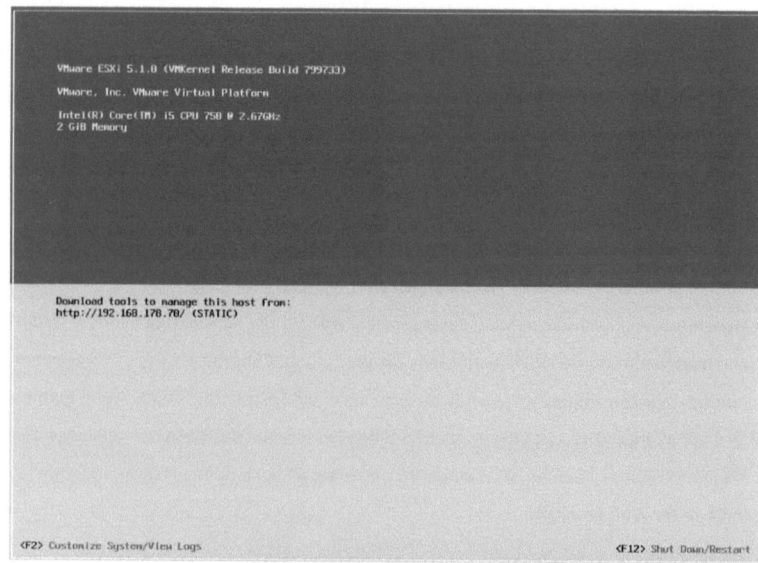

Abbildung 1: Oberfläche eines frisch installierten VMware ESXi 5.1 Servers

Abbildung 1 zeigt die Oberfläche, welche nach der Installation direkt am Server zu sehen ist. Wie zu erkennen ist, ist das Layout minimalistisch gehalten und auch die Konfigurationsmöglichkeiten halten sich in Grenzen. Neben der IP, sowie der DNS-Einstellungen kann man hier nur die Netzwerkadapter zuordnen, das Management-Netzwerk neu starten, das Passwort ändern oder den Server ausschalten oder neu starten. Alles Weitere wird über einen Management-Client („vSphere-Client") gemacht (siehe Abbildung 2).

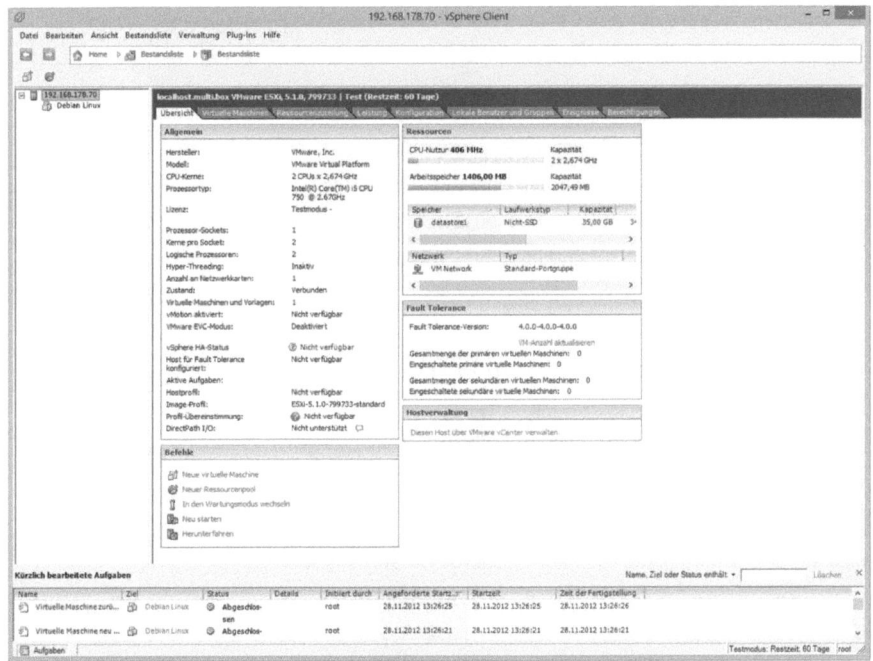

Abbildung 2: Startseite des vSphere-Clients. Es wird ein Host mit einem Gast verwaltet.

Auf der Übersichtsseite sieht man viele verschiedene Grundlegende Informationen zum Server. So kann man herausfinden, wie viel Prozessorlast oder Arbeitsspeicherlast gerade vorliegt, oder auch welche Features verfügbar und aktiviert sind. In diesem Fall sind z.B. 1406 MB von 2047,49 MB Arbeitsspeicher belegt. Es gibt einen Prozessor-Sockel und zwei Kerne pro Sockel. Der Server verfügt über eine physische Netzwerkkarte und beherbergt aktuell eine VM. Interessant ist die Angabe VMwares über die Datastores. Hier gibt es nur einen Datastore, nämlich den datastore1 mit einer Kapazität von 35 GB. Soweit so gut, jedoch gibt VMware diese Festplatte als „Nicht-SSD" an. Die Entwickler denken in den USA denken also schon groß.

Man erkennt die diversen Reiter, die es in der oberen Mitte des Bildschirms gibt. Über diese gelangt man zu den einzelnen Informations- und Konfigurationsseiten des ESXi. Es ist schon hier zu erahnen, dass eine tiefgreifende Konfiguration sehr komplex ist (alleine der Lehrgang für dieses Produkt dauert fünf Tage). Sehr schön ist allerdings, dass es Assistenten für grundlegende Aufgaben wie dem Erstellen einer VM gibt. Dies ist mit wenigen Klicks gemacht um den normalen IT-Leiter nicht zu arg zu fordern.

Alles in allem lässt sich also sagen, dass der ESXi Server für alle Bereiche gut geeignet ist. Man kann sich eine kleine virtuelle Infrastruktur aufbauen, man kann jedoch auch ganze Serverfarmen mit ihm betreiben. Die Verwaltung funktioniert immer über die gleiche Oberfläche und ist an die entsprechenden Anforderungen angepasst.

3.4 Beispiel Microsoft Hyper-V 3

Direkter Konkurrent zu VMware ist Microsoft mit seinem Hyper-V 3.0. Diesen gibt es mittlerweile in zwei verschiedenen Arten: Einmal als Hyper-V Server 2012 und als Windows Server 2012 mit Hyper-V Rolle. Der Hyper-V Server 2012 ist dabei eine Server-Core-Installation des Windows Servers, jedoch hat er nur die Hyper-V Rolle mit an Bord. Das Management erfolgt bis auf die Erstkonfiguration der IP-Einstellungen komplett remote, also von einem anderen Platz aus. Dies bringt natürlich eine höhere Sicherheit und Stabilität mit sich, als wenn man einen vollwertigen Windows Server installiert und dort nur die Hyper-V Rolle aktiviert, da die Angriffsfläche kleiner ist und Windows-Updates viel gezielter verteilt werden. Die Maximalwerte ähneln denen des ESXi Servers: 64 Hosts und 4000 VMs pro Cluster, 1024 VMs pro Host und unbegrenzt viele Migrationen zwischen Hosts[30], wobei diese Angabe mit Vorsicht zu genießen ist. Dadurch, dass der komplette Arbeitsspeicher einer VM beim Verschieben zwischen Hosts über das Netzwerk gespiegelt werden muss, werden die Migrationen ab einer Anzahl von vier sehr langsam.

Je nach Art der Installation kann die Einrichtung einfach oder komplex sein, vor allem wenn man sich nicht sonderlich gut mit der Windows Power Shell auskennt. Die tiefere Konfiguration erfolgt wie beim ESXi über Management-Clients, wobei man bei Microsoft mehrere verschiedene hat. Für die simple Verwaltung eines einzelnen Hosts steht der sogenannte „Hyper-V-Manager" (siehe Abbildung 3) zur Verfügung, möchte man jedoch ein Cluster managen, muss man sich des „Failover-Clustering-Managers" bedienen.

---

[30] Vgl. URL: http://servervirtualization.cloudapp.net/DocGeneration/
CompetitiveAdvantagesofWS2012HyperVoverVMwarevSphere5.pdf [28.11.2012].

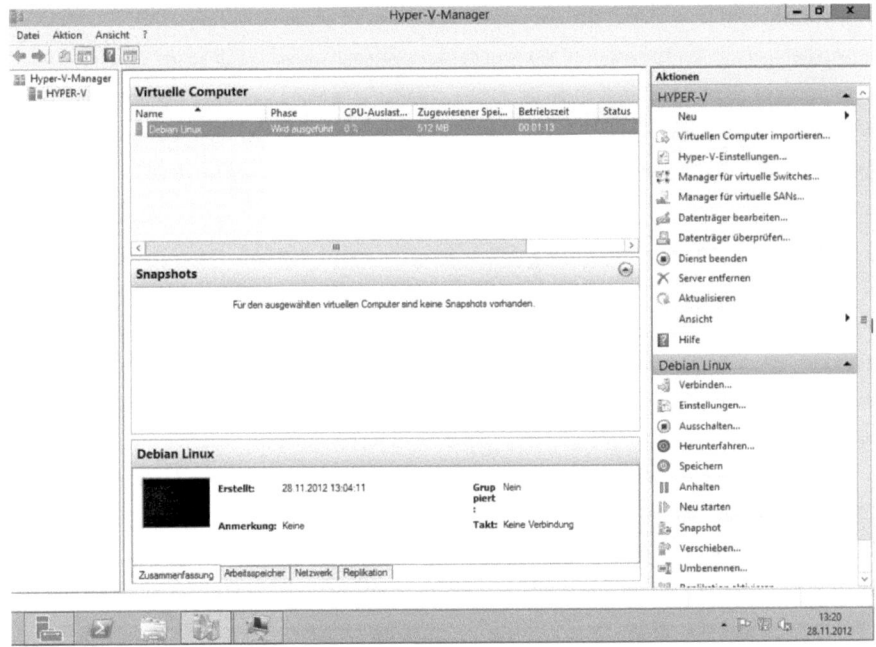

Abbildung 3: Startseite des Hyper-V-Managers. Es wird auch hier ein Host mit einem Gast verwaltet.

In der mittleren Spalte bekommt man die Details zu den einzelnen VMs angezeigt, links sieht man die Liste der verwalteten Server und rechts die durchführbaren Aktionen. In diesem Fall wurde eine VM eingerichtet, welche 512 MB Arbeitsspeicher zugewiesen bekommen hat. Am rechten Bildschirmrand kann man nun den Server verwalten (z.B. virtuelle Switches oder virtuelle SANs einrichten) oder etwas weiter unten die VM managen und neben an- und ausschalten auch einen Snapshot machen.

Während VMware mit dem vSphere-Client nahezu alle Größenordnungen von Clustern abdecken kann, wird der Hyper-V-Manager bei größeren Umgebungen schnell unübersichtlich. Aus diesem Grund hat Microsoft das System Center eingeführt, welches mittlerweile in der Version System Center 2012 erhältlich ist. Diese Software ist in verschiedene Pakete aufgeteilt, wobei der System Center Virtual Machine Manager für die Verwaltung von VMs und Hosts zuständig ist. Mit ihm und den anderen Komponenten des System Centers ist es möglich, die Bereitstellung von VMs vollständig automatisiert ablaufen zu lassen. Zusätzlich ist ein Helpdesk enthalten, mit dessen Hilfe der Endanwender schnell Hilfe findet oder seine VM einfach um konfigurieren kann. Gerade Cloud-Anbieter sind prädestiniert für den Einsatz dieser Software, wogegen sich kleine und mittlere Unternehmen diese gar nicht leisten können.

Zusammenfassend lässt sich also sagen, dass Microsoft mittlerweile einen ernstzunehmenden Konkurrenten zu VMware darstellt, wenngleich man noch an der einen oder anderen Stelle nachbessern sollte. Von der Funktionalität her nehmen sich beide Hersteller nicht viel, wenn es um das Management geht liegt VMware allerdings noch deutlich in Führung. Und gerade dieser Bereich ist es ja bekanntlich, welcher die eigentliche Herausforderung darstellt.

4 Rolle der Virtualisierung / Green-IT

Lange hat es gedauert, doch heute spielt die Ökologie in der Ökonomie eine immer größer werdende Rolle. Viele Unternehmen aus allen möglichen Branchen haben sich teils freiwillig, teils gesetzlich vorgeschrieben Umweltschutz auf die Fahnen geschrieben und möchten durch einen Kurswechsel sowohl Kosten sparen, als auch Kunden begeistern und werben. Natürlich schlägt sich das auch auf die IT nieder, welche mit immer weiter steigenden Stromkosten zu kämpfen hat.

Doch glücklicherweise ist aus der IT auch noch eine Menge herauszuholen. So hat eine Studie 2007 ergeben, dass 20% der in einem Unternehmen eingesetzten Server unter 0,5% ausgelastet sind. 75% der Server sind nur unter 5% ausgelastet.[31] Diese Studie zeigt das ungeheure Einsparungspotential, welches nur genutzt werden muss. IBM hat in einem Beispiel vorgerechnet, dass in einem Rechenzentrum von 500m² Größe eine Energie-Einsparung von 42% möglich ist. Dies entspräche etwa. 7400t CO_2 pro Jahr. Virtualisierung sorgt hier dafür, dass die Auslastung auf nahezu 100% gesteigert werden kann, wenngleich man eine Reserve von 5-10% auf jedem Host behalten sollte, um Lastspitzen abfangen zu können.[32] Dadurch ist eine optimale Auslastung möglich und die Effizienz enorm gesteigert.

4.1 Gründe für die Einführung von Green-IT

Doch warum führen Unternehmen überhaupt Green-IT ein? Die Firma Forrester hat zu verschiedenen Zeitpunkten von Oktober 2007 bis April 2010 IT-Abteilungsleiter und führende Personen im Bereich der Unternehmens-IT nach den genauen Gründen gefragt. Das Ergebnis kann in Abbildung 4 betrachtet werden.[33]

---

[31] Vgl. Talaber, Richard: Using Virtualization To Improve Data Center Efficiency (2009), Online im WWW unter URL: http://www.thegreengrid.org/~/media/WhitePapers/White%20Paper%2019%20-%20Using%20Virtualization%20to%20Improve%20Data%20Center%20Efficiency.pdf?lang=en [Stand: 12.12.2012].
[32] Siehe Kap. 3.2.
[33] Abbildung: Mines, Chris: Green IT Adoption Is Driven By Business, Not Environmental, Considerations (22.07.2010), Online im WWW unter URL: http://blogs.forrester.com/chris_mines/10-07-22-green_it_adoption_driven_business_not_environmental_considerations [Stand: 12.12.2012].

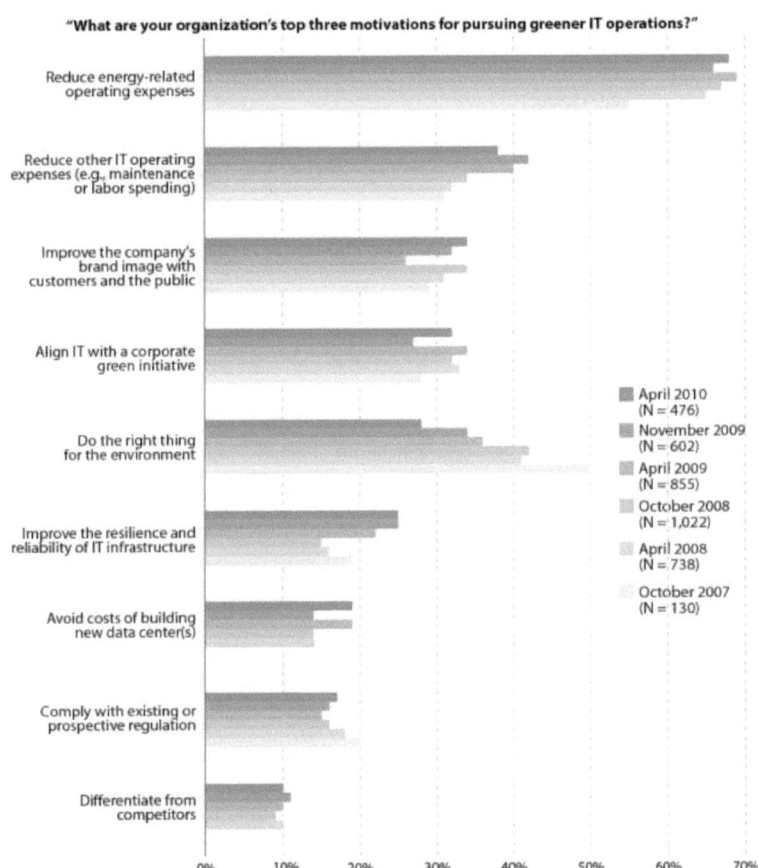

"What are your organization's top three motivations for pursuing greener IT operations?"

Reduce energy-related operating expenses

Reduce other IT operating expenses (e.g. maintenance or labor spending)

Improve the company's brand image with customers and the public

Align IT with a corporate green initiative

Do the right thing for the environment

Improve the resilience and reliability of IT infrastructure

Avoid costs of building new data center(s)

Comply with existing or prospective regulation

Differentiate from competitors

- April 2010 (N = 476)
- November 2009 (N = 602)
- April 2009 (N = 855)
- October 2008 (N = 1,022)
- April 2008 (N = 738)
- October 2007 (N = 130)

0% 10% 20% 30% 40% 50% 60% 70%

Abbildung 4: Ergebnisse einer Umfrage von Forrester nach den Gründen für die Einführung von Green-IT.

An der Spitze mit etwa 67% im April 2010 liegt die Reduktion von Energie- und energieverwandten Kosten. Dahinter liegt mit ca. 37% ebenfalls eine Kostensenkung, nämlich erhofft man sich z.B. Wartungskosten oder andere IT-verwandte Kosten zu senken. Richtig interessant wird es allerdings erst auf den Plätzen drei bis fünf. Platz drei wird belegt von der Hoffnung, das Image des Unternehmens werde durch den Einsatz von Green-IT gesteigert (ca. 35% im April 2010). Auf Platz vier mit knapp 33% im April 2010 findet man die Notwendigkeit, an einer allgemeinen „Öko-Richtlinie" im Unternehmen teilnehmen zu müssen. Platz fünf halte ich für besonders interessant, und das aus mehreren Gründen: Erstens ist der genannte Grund, Green-IT einzusetzen, außergewöhnlich. Im April 2010 haben ca. 28% der Befragten gesagt, dass sie Green-IT deshalb einführen, weil sie „das Richtige für die Umwelt tun möchten". Weiterhin interessant an diesem Punkt ist, dass die Nennung über die verschiedenen Zeitpunkte hinweg nahezu kontinuierlich abgenommen hat, von 50% im Oktober 2007 über 42% im Oktober 2008 und 35% im November 2009 auf eben 28% im April 2010. Es scheint, als glaubte man nicht mehr an die positive Wirkung von Energiesparmaßnahmen auf die Umwelt. Erst auf Platz sechs steht der Wunsch, die Stabilität und Zuverlässigkeit der IT-Infrastruktur zu erhöhen (25% im April 2010).

Daraus lässt sich schließen, dass Green-IT vor allem aus Kostengründen und zur Imageverbesserung eingeführt wird. Zuverlässigkeit und Stabilität sind nur untergeordnete Gründe, welche dennoch nicht zu vernachlässigen sind.

4.2 Fallbeispiel: Experton Group

Die Experton Group hat einmal eine sehr bekannt gewordene Wirtschaftlichkeitsbetrachtung zum Thema Virtualisierung und Green-IT aufgestellt um das Argument der möglichen Kosteneinsparungen mit einer realen Situation vergleichen zu können. Dabei ist man von einem durchschnittlichen mittelständischen Unternehmen in Deutschland ausgegangen, welches 900 Mitarbeiter verteilt auf drei Standorte beschäftigt. Vor dem Projekt wurden 25 dedizierte Server und 120 Bladeserver in Racks eingesetzt. Dem System standen 10 TB an Festplattenspeicher in einem SAN zur Verfügung. Zusammen mit weiteren kleinen Geräten wie der Klimaanlage oder Netzwerkkomponenten kommt man auf 1,2 MWh. Die Stromkosten belaufen sich auf 165.000 € im Jahr.

Mit dem Virtualisierungsprojekt wurden die dedizierten Server um 6 auf 19 verringert. Auch gibt es jetzt nur noch 84 Blades und es wird nur noch 7,5 TB an Speicherplatz benötigt. Die Einsparung an Strom beträgt 47.200 € im Jahr. Das Projekt hat 100.000 € gekostet, wobei 60.000 € auf Software, abgeschrieben auf 5 Jahre und 40.000 € auf Dienstleistungen entfallen.

Zusätzlich wurde in weitere Green-IT-Komponenten investiert. Dadurch wurde die Leistungsaufnahme der dedizierten Server auf 350 Watt und die der Blades auf 175 Watt begrenzt. Außerdem wurden Netzwerkkomponenten durch effizientere Geräte ausgetauscht und auch die Kühlung wurde optimiert. Die Mehrkosten belaufen sich auf 184.200 €, welche wieder auf 5 Jahre abgeschrieben werden. Durch diese Maßnahmen sind allerdings Stromkosteneinsparungen von 35.100 € pro Jahr möglich.

Die Wirtschaftlichkeitsbetrachtung wird in folgender Tabelle dargestellt:[34]

---

[34] Vgl. Abbildung aus: Niemer, 2010, S. 61.

	Jahr 0	Jahr 1	Jahr 2	Jahr 3	Jahr 4	Jahr 5	Gesamt
Kosten für Virtualisierung	-52.000 €	-12.000 €	-12.000 €	-12.000 €	-12.000 €	-12.000 €	-112.000 €
Kosten für Green-IT	-36.840 €	-36.840 €	-36.840 €	-36.840 €	-36.840 €	-36.840 €	-221.040 €
Kosten gesamt	-88.840 €	-48.840 €	-48.840 €	-48.840 €	-48.840 €	-48.840 €	-333.040 €
Stromeinsparung		82.300 €	82.300 €	82.300 €	82.300 €	82.300 €	411.500 €
Netto Cash Flow	-88.840 €	33.460 €	33.460 €	33.460 €	33.460 €	33.460 €	78.460 €
Kumulierter Cash Flow	-88.840 €	-55.380 €	-21.920 €	11.540 €	45.000 €	78.460 €	

Abbildung 5: Beispielhafte Wirtschaftlichkeitsbetrachtung der Experton Group zu Virtualisierungs- und Green-IT-Projekten.

Die Gesamtkosten betragen am Ende der 5 Jahre 333.040 €, wogegen sich die Einsparung 411.500 € beläuft. Es ist also klar, dass sich auch solch teure Investitionen in die Green-IT lohnen. Erstaunlich ist allerdings, wie schnell sich eine solche Investition amortisiert hat. Am kumulierten Cash Flow ist zu sehen, dass man im Jahr drei schon wieder im Plus ist. Man kann also sagen, dass man etwa die Hälfte der Zeit an der Green-IT verdient und entgegen vieler Gerüchte eben nicht nur Geld in sie hineinpumpt. Hervorzuheben ist allerdings, dass man noch mehr herausholen könnte, wenn man die Investition in die Green-IT nicht geleistet hätte. Hätte man nur das Virtualisierungsprojekt durchgeführt und nicht noch zusätzlich Geld für das Aufrüsten diverser weiterer Geräte aufgewendet, so wäre man noch schneller im Plus.

5 Fazit

Als Fazit lässt sich sagen, dass die Virtualisierung von Servern heute zum Standard gehört. Die Hardware bietet eine Vielzahl von Features, um Virtualisierung noch einfacher zu machen und durch den ständigen Leistungszuwachs ist es sogar mittlerweile möglich, auf einem durchschnittlichen Büro-PC zu virtualisieren (wie Microsoft dies mit dem sogenannten „XP-Modus" unter Windows 7 nutzt).

Grundsätzlich kann Virtualisierung sehr einfach sein, je tiefer man jedoch seinen Hypervisor konfigurieren möchte, desto schwieriger und komplexer wird es. Für eine Basisvirtualisierung reichen jedoch schon grundlegende Kenntnisse über das jeweilige Produkt aus, um eine Lauffähige Umgebung zu schaffen, die sogar produktiv genutzt werden kann. Auch die kostenlos erhältlichen Varianten der VMMs tragen dazu bei, dass sich immer mehr Menschen für die Virtualisierung interessieren und diese im Unternehmen ausprobieren.

Lange Zeit galt VMware als das Nonplusultra im Bereich der Servervirtualisierung. Citrix war schon immer Marktführer bei der Desktopvirtualisierung und Microsoft stand jedes Mal hinten an. Mit der neuen Version der Microsoft-Lösung Hyper-V kann man sich allerdings auch mit den Platzhirschen messen und gehört endlich mit zur Spitze der Hypervisor-Hersteller. Für welchen man sich als Kunde letztendlich entscheidet hängt häufig nur noch vom Preis und von der Manageability des Produkts ab. Rein technisch sind alle in etwa auf einem Niveau.

Zum Thema Green-IT lässt sich sagen, dass die Virtualisierung schon immer ein Hauptbestandteil ebendieser war. Durch sie lassen sich enorme Einsparungen bei den Stromkosten realisieren. Dennoch besteht die Green-IT aus mehr als der Virtualisierung. Verbesserte Effizienz der Netzteile (Stichwort 80 Plus-Zertifizierung), optimierte Kühlung und diverse weitere Maßnahmen komplettieren die Green-IT und sorgen so für einen optimalen Umweltschutz.

Trotz allem muss eines bedacht werden: Virtualisierung ist ein Thema, welches das Unternehmen für die mittel- bis langfristige Zukunft ausrichtet. Aus diesem Grund ist es unverzichtbar, sich vor der Umsetzung eines Projektes einen Plan zu machen. Sowohl die Ziele als auch die Methoden sollten detailliert besprochen werden. Anderenfalls ist ein Scheitern des Projekts quasi garantiert.

Meiner Meinung nach ist die Virtualisierung auch in Zukunft der wohl wichtigste Bereich in der Unternehmens-IT, da sie viele verschiedene Möglichkeiten eröffnet und besonders vielfältige Vorteile bietet. Die genannten Probleme der Virtualisierung werden sich im Laufe der Zeit erledigen, sodass so gut wie alles virtualisiert werden kann.